A Kalmus Classic Edition

C O R E L L I

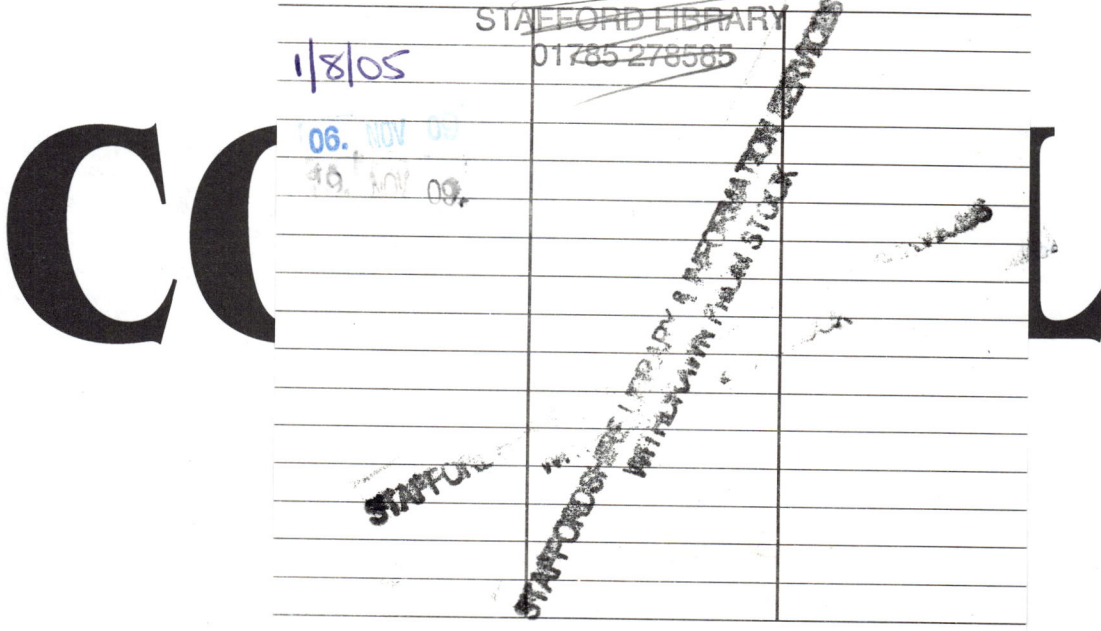
FOR TWO VIOLINS, CELLO AND PIANO

K 02094

Kalmus

Contents

SONATA I
Opus 4, No. 1

VIOLONCELLO

ARCANGELO CORELLI

PRELUDIO. Largo

CORRENTE. Allegro

Adagio

p

SONATA II

SONATA III

CORRENTE. Allegro

SARABANDA. Largo

TEMPO DI GAVOTTA. Allegro

SONATA IV

SONATA V

CORRENTE. Vivace

GAVOTTA. Allegro

SONATA VI

PRELUDIO. Adagio

Allegro
Viol. I

SONATA VII

SARABANDA. Vivace

GIGA. Allegro

SONATA VIII

PRELUDIO. Grave

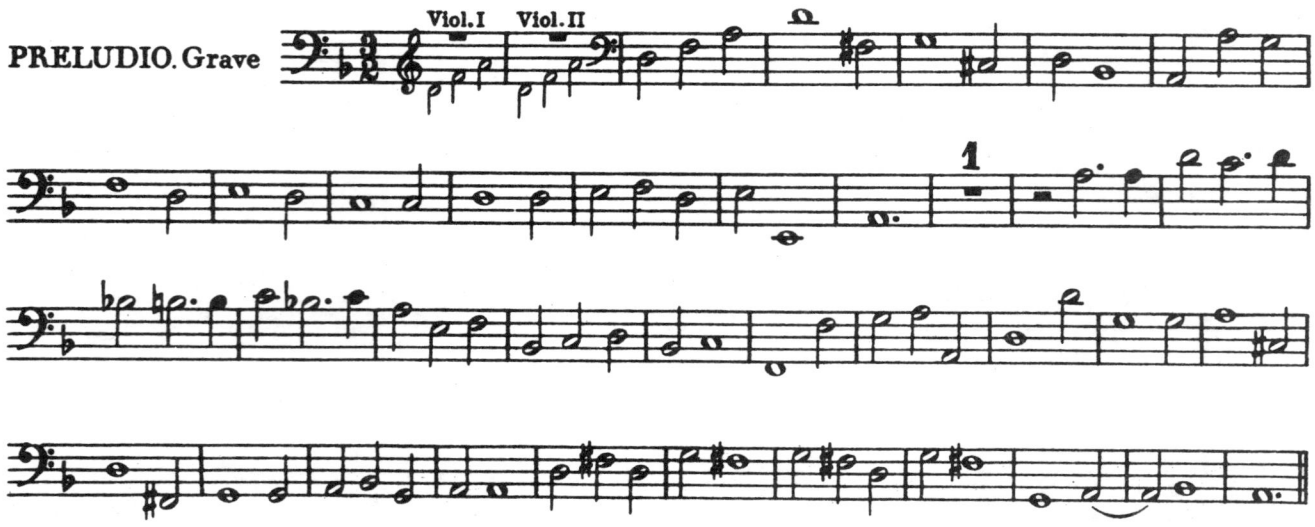

SONATA IX

SONATA X

TEMPO DI GAVOTTA. Presto

SONATA XI

PRELUDIO. Largo

CORRENTE. Allegro

ALLEMANDA. Allegro

SONATA XII

PRELUDIO. Largo

ALLEMANDA. Presto

GIGA. Allegro

SONATA I
Opus 4, No. 1

VIOLINO I

ARCANGELO CORELLI

PRELUDIO. Largo

CORRENTE. Allegro

Adagio

Viol. II

p

ALLEMANDA. Presto

SONATA II

PRELUDIO. Grave

ALLEMANDA. Allegro

Grave

CORRENTE. Vivace

SONATA III

PRELUDIO. Largo

SONATA IV

GIGA. Allegro

SONATA V

PRELUDIO. Adagio

ALLEMANDA. Allegro

CORRENTE. Vivace
p
f
p
GAVOTTA. Allegro

SONATA VI

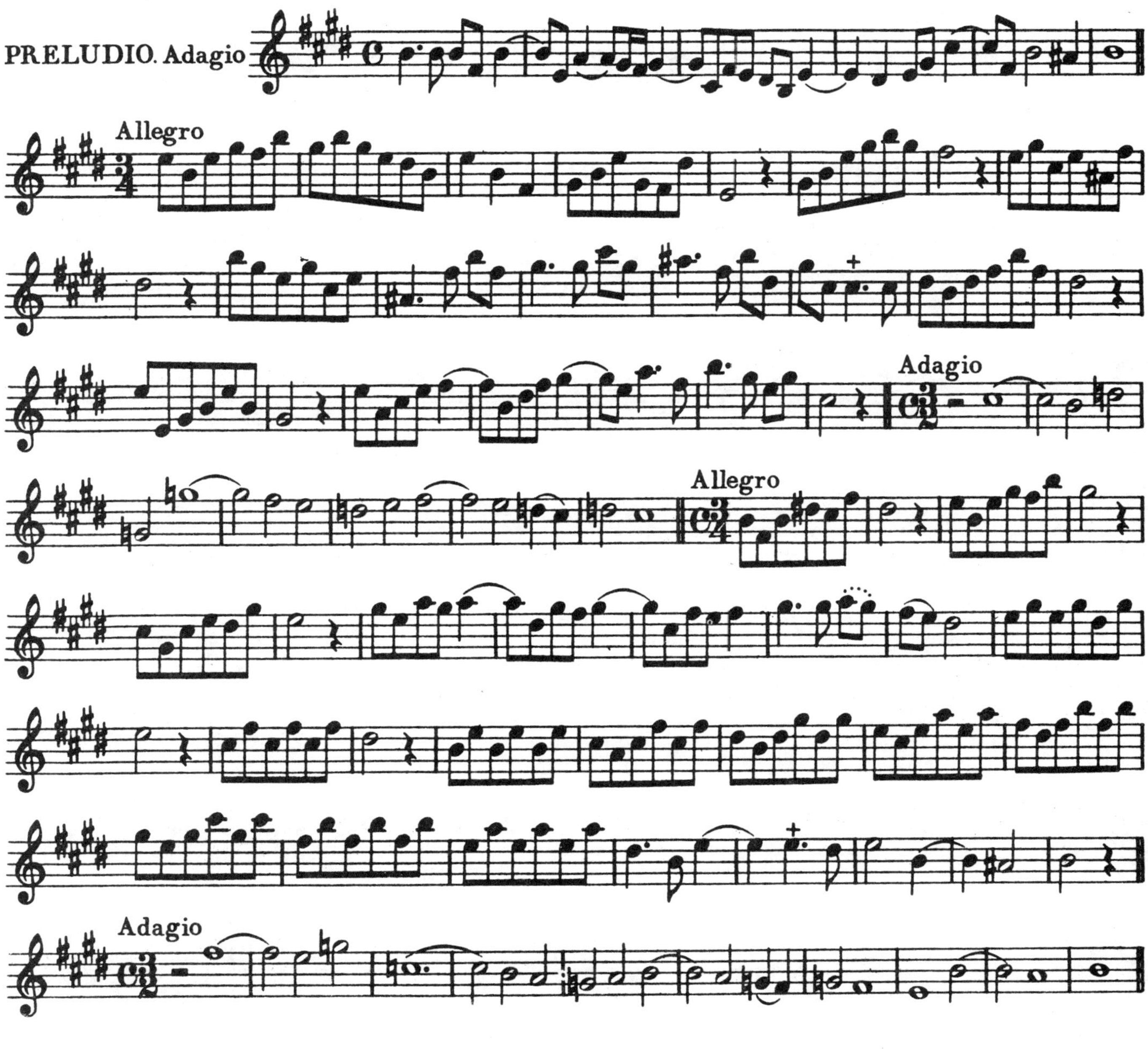
PRELUDIO. Adagio
Allegro
Adagio
Allegro
Adagio

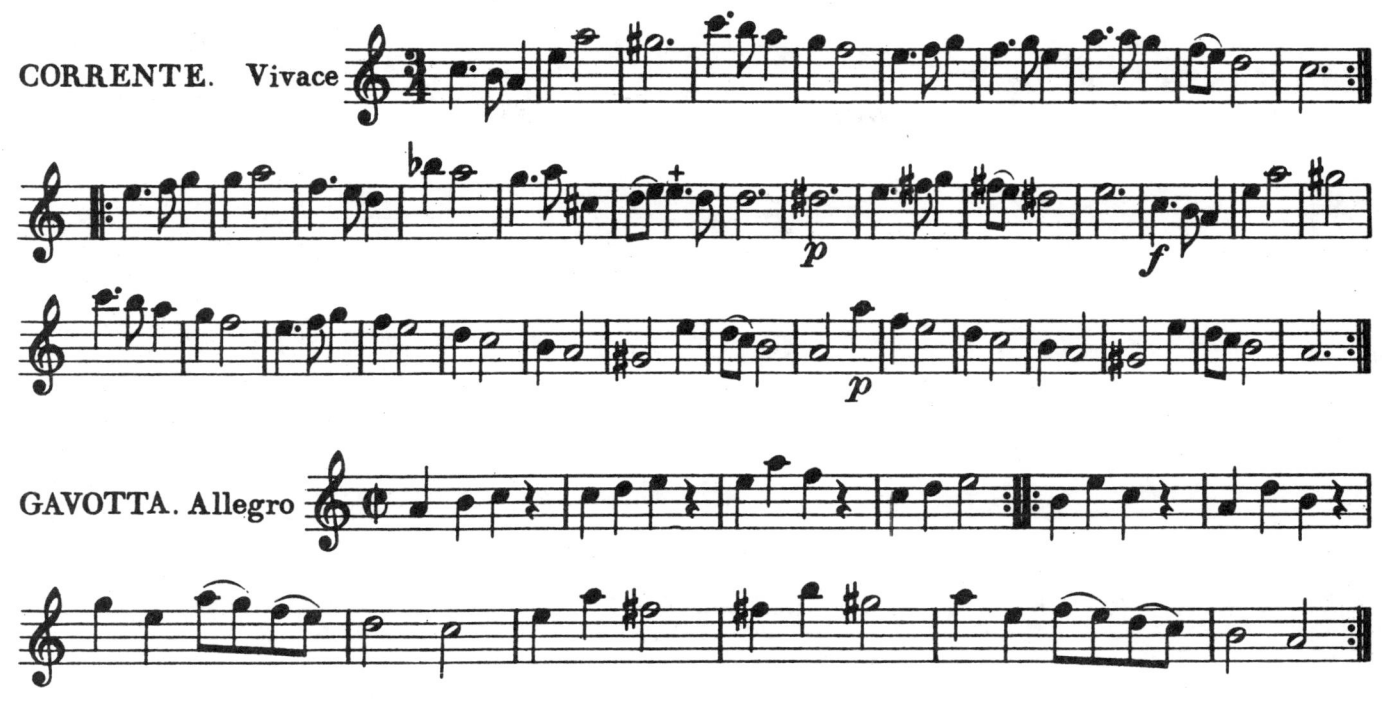

ALLEMANDA. Allegro

GIGA. Allegro

SONATA VII

GIGA. Allegro

SONATA VIII

PRELUDIO. Grave

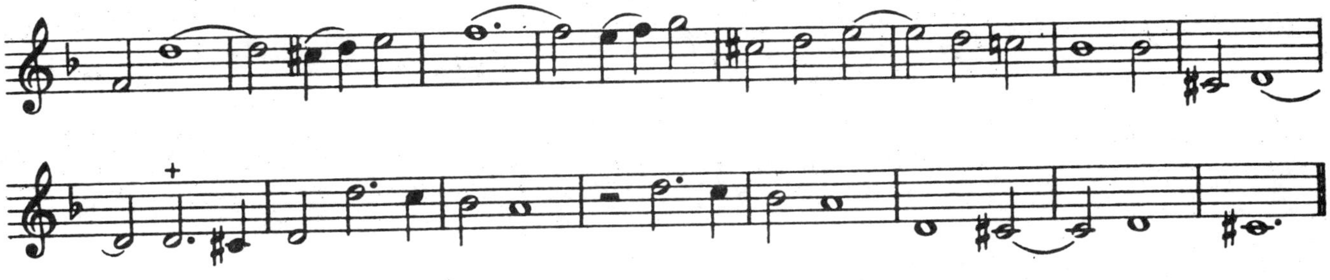

ALLEMANDA. Vivace

SARABANDA. Allegro

p

SONATA IX

PRELUDIO. Largo

SONATA X

TEMPO DI GAVOTTA. Presto

SONATA XI

PRELUDIO. Largo

CORRENTE. Allegro

ALLEMANDA. Allegro

SONATA XII

PRELUDIO. Largo

ALLEMANDA. Presto

GIGA. Allegro

SONATA I
Opus 4, No. 1

VIOLINO II

ARCANGELO CORELLI

PRELUDIO. Largo

CORRENTE. Allegro

Adagio

ALLEMANDA. Presto

SONATA II

PRELUDIO. Grave

ALLEMANDA. Allegro

Grave

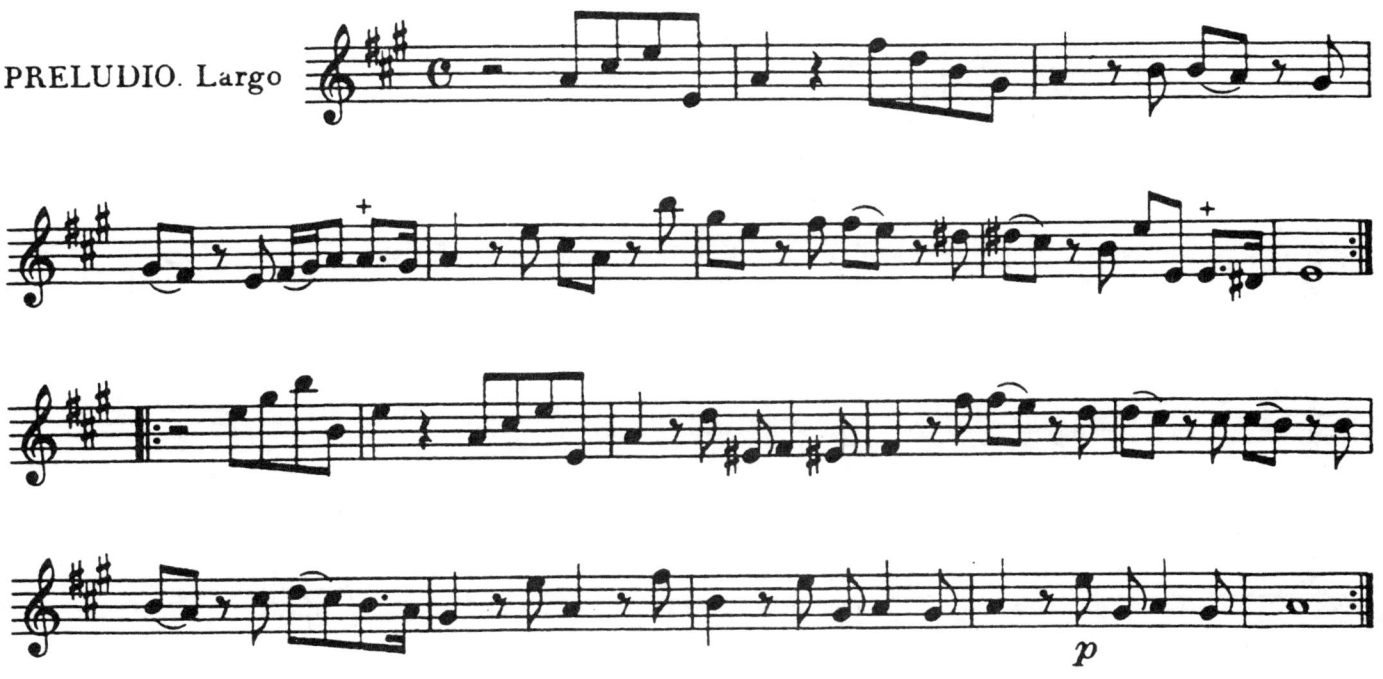

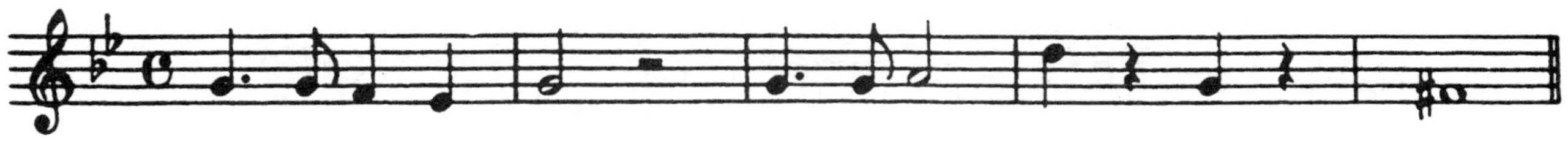

CORRENTE. Vivace

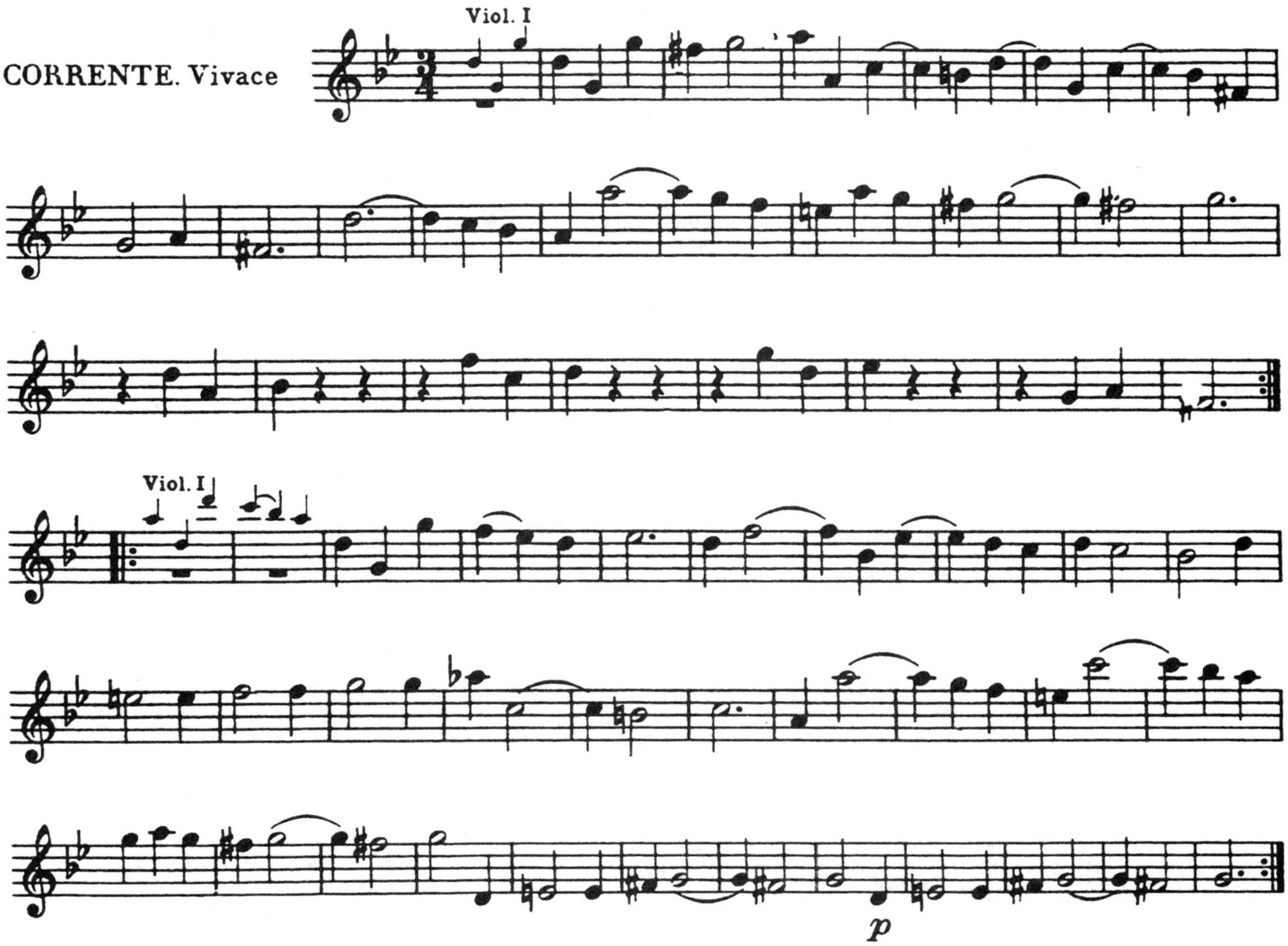

SONATA III

PRELUDIO. Largo

CORRENTE. Allegro

SARABANDA. Largo

TEMPO DI GAVOTTA Allegro

SONATA IV

GIGA. Allegro

SONATA V

PRELUDIO. Adagio

ALLEMANDA. Allegro

ALLEMANDA. Allegro

GIGA. Allegro

SONATA VII

SARABANDA. Vivace

GIGA*) Allegro

*) Als ¹²/₈-Takt zu lesen; Rhythmus ♩.♪ daher : ♩.♩♪

SONATA VIII

PRELUDIO. Grave

Viol. I

ALLEMANDA. Vivace

SARABANDA. Allegro

SONATA IX

PRELUDIO. Largo

SONATA X

PRELUDIO. Adagio

Adagio

Grave   Viol.I

TEMPO DI GAVOTTA. Presto

SONATA XI

PRELUDIO. Largo

CORRENTE. Allegro

15

ALLEMANDA. Allegro

SONATA XII

PRELUDIO. Largo

ALLEMANDA. Presto

GIGA. Allegro

*) Da hier der C-Takt als ¹²⁄₈-Takt zu verstehen ist, sind diese Takte zu lesen:
(Vrgl. op. 4, Son. IV; op. 2, Son. IX)

SONATA No. 1
Opus 4, No. 1

ARCANGELO CORELLI

4

CORRENTE. Allegro

Adagio

ALLEMANDA. Presto

SONATA II

PRELUDIO. Grave

Violino I

Violino II

Violone,
ò Cimbalo

ALLEMANDA. Allegro

Grave

CORRENTE. *Vivace*

SONATA III

CORRENTE. Allegro

SARABANDA. Largo

TEMPO DI GAVOTTA. Allegro

SONATA IV

PRELUDIO. Grave

CORRENTE. Allegro

Adagio

GIGA. Allegro

SONATA V

24

ALLEMANDA. Allegro

CORRENTE. Vivace

GAVOTTA. Allegro

SONATA VI

PRELUDIO. Adagio

Violino I

Violino II

Violone,
ò Cimbalo

Allegro

ALLEMANDA. Allegro

GIGA. Allegro

*) Der C = Takt ist hier eine vereinfachte Schreibweise für den ¹²⁄₈ = Takt (vgl. die Giga in op. 2, Son. IX, und im vorliegenden op. Son. IV) Es ist zu lesen:  usw.

SONATA VII

CORRENTE. Allegro

GIGA. Allegro

SONATA VIII

PRELUDIO. Grave

Violino I

Violino II

Violone,
ò Cimbalo

ALLEMANDA. Vivace

SARABANDA. Allegro

SONATA IX

PRELUDIO. Largo

Violino I

Violino II

Violone,
ò Cimbalo

44

CORRENTE. Allegro

TEMPO DI GAVOTTA. Allegro

SONATA X

TEMPO DI GAVOTTA. Presto

SONATA XI

54

CORRENTE. Allegro

58

ALLEMANDA. Allegro

SONATA XII

PRELUDIO. Largo

Violino I

Violino II

Violone,
ò Cimbalo

ALLEMANDA. Presto

GIGA. Allegro

*) Da hier der C-Takt als $\frac{12}{8}$-Takt zu verstehen ist, sind diese Takte zu lesen:
(Vrgl. op. 4, Son. IV; op. 2, Son. IX)